M. PALYART-VÉRET.

M. PALYART-VÉRET.

M. PALYART-VÉRET.

Lundi dernier ont eu lieu les obsèques de M. Palyart, décédé le jeudi 24 août dans sa propriété de Guerbigny, emporté par la maladie qui le minait depuis plus d'un an déjà.

Elles ont été célébrées avec une pompe digne du fonctionnaire qui, pendant près d'un demi-siècle, avait administré la commune de Guerbigny, digne du travailleur infatigable qui n'a voulu de repos que dans la tombe, et qui, pendant sa longue carrière, a si bien justifié cette devise, qu'il semblait avoir prise et qui résume sa vie : « INVIA VIRTUTI NULLA EST VIA, point de voie inaccessible au courage. »

Le triple cercueil qui renfermait les restes mortels de M. Palyart avait été placé dans un des vestibules de sa demeure, transformé en chapelle ardente, en face de la porte d'entrée recouverte de tentures noires portant les initiales du défunt.

A 10 heures, le clergé de Guerbigny, auquel était venu se joindre celui des communes voisines, fit la levée du corps et le convoi se mit en marche vers l'église.

Les cordons du poêle étaient tenus par les quatre premiers conseillers municipaux inscrits au tableau ; les autres membres marchaient de chaque côté du cercueil.

Le deuil était conduit par MM. Émile Palyart et Édouard Barbier, fils et gendre du défunt et par M. Boyenval, adjoint, qui remplit les fonctions de maire depuis que la maladie de M. Palyart, arrivée à sa dernière période, l'avait forcé à les résigner. Venaient ensuite les membres de la famille, les maires des communes de Warsy, Andechy, Lignière, Becquigny, Erches, Laboissière et Grivillers, presque tous les habitants de Guerbigny et une grande partie de ceux de Warsy, tous riches ou pauvres, se pressant à ce triste rendez-vous, confondus dans un sentiment de recueillement.

La belle église de Guerbigny avait été toute tendue de noir. Un splendide catafalque s'élevait au milieu du chœur. M. Duchemin, chantre de mérite, s'empressa de prêter son concours à la cérémonie. Toute l'assistance a été impressionnée par sa voix large et sonore.

Après la messe, qui a été chantée par M. le curé de Guerbigny et l'absoute dite par M. le curé d'Harbonnières, le corps du défunt a été conduit au cimetière pour être déposé dans un caveau de famille. Là, M. Pluquet, conseiller municipal, a retracé la carrière administrative de M. Palyart, et s'est exprimé en ces termes :

Messieurs,

Je ne puis laisser refermer ce tombeau sans adresser une dernière parole à celui que nous venons d'y déposer, et sans repasser avec vous les titres qu'il s'est acquis à notre reconnaissance.

M. Louis-Joseph Palyart naquit à Amiens, en 1797, d'une famille très-ancienne et très honorable. Initié dès son enfance aux habitudes du commerce, on peut dire qu'il devint plus tard maître dans sa profession.

Allié en 1819 à une des familles les plus notables de Guerbigny, il sut bientôt par son intelligence peu commune, par son activité sans relâche, faire grossir la fortune qu'il possédait déjà.

Il fut le fondateur de la première filature de laine qui a existé dans nos pays ; en cette qualité il a rendu de grands services à l'industrie. Pendant plus de quinze ans il a donné le travail et la vie, non-seulement aux ouvriers de Guerbigny, mais encore à un grand nombre d'ouvriers des pays environnants.

Nommé maire de Guerbigny en 1830, il administra la commune pendant 46 ans comme il avait su gérer ses propres affaires, c'est-à-dire avec une intelligence et une sagesse rares, un ordre parfait et un dévouement sans bornes.

La commune de Guerbigny doit à M. Palyart ses belles et magniques plantations dont elle récolte aujourd'hui les produits. Une grande partie de la restauration de notre vieille église, le pavage du chœur en marbre, la restauration du portail, une jolie salle de mairie, une vaste place plantée de nombreux et beaux arbres, sont autant de dons de M. Palyart à la commune.

C'est encore, Messieurs, sur l'énergique initiative de M. Paylart que, longtemps avant toutes les autres communes, Guerbigny se vit doté de rues parfaitement entretenues et de tous les chemins vicinaux qui sont aujourd'hui si utiles à l'agriculture. Je dirai la même chose de la route de Rosières à Tricot. Heureux, Messieurs, quand en ce monde on rencontre de ces caractères fortement trempés, de ces volontés tenaces pour le bien, qui justifient si parfaitement ce mot du vieux poète latin, *possunt quia posse videntur*, c'est-à-dire : pour qui vouloir, c'est pouvoir.

Je ne parle pas, Messieurs, des libéralités de chaque jour faites aux pauvres, il a encore pensé à eux dans ses dernières dispositions ; il n'a point oublié non plus les pauvres de Warsy.

Dirai-je les services quotidiens rendus aux particuliers ! Accessible aux plus humbles comme aux plus grands, M. Palyart n'était-il pas le conseiller de tous dans les affaires difficiles ?

Une vie si féconde, si active et si pleine est digne, Messieurs, à tout jamais, de la plus vive reconnaissance de Guerbigny.

Aux âmes bien nées les sentiments sublimes, les seuls durables ! Miné par la cruelle maladie qui le dévorait surtout depuis quelques mois, M. Palyart sentit sa fin approcher ; fidèle à la foi de ses pères, il s'adresse au Dieu qui pardonne... et il meurt plein de confiance avec tous les secours de notre sainte religion.

Au nom du Conseil municipal et du Conseil de fabrique, au nom de la commune de Guerbigny et de la commune de Warsy, adieu, M. Palyart, ou plutôt au revoir dans un monde meilleur, où le malheur n'est point connu.

Au retour du cimetière, à la maison mortuaire, M. l'abbé Lagniez, ancien curé de

Plessier-Rozainvillers, dépositaire, comme il l'a dit lui-même, de la conscience de M. Palyart, a rappelé avec cette parole communicative qui va droit au cœur, combien avaient été édifiants ses derniers moments et, au nom de la famille, remercié l'assistance du religieux empressement qu'elle avait mis à venir rendre les derniers devoirs à celui qui, aux approches de la mort, avait montré la résignation et la confiance d'un vrai chrétien.

Amiens. — Typographie H. YVERT, rue des Trois-Cailloux, 64.

www.ingramcontent.com/pod-product-compliance
Lightning Source LLC
Chambersburg PA
CBHW071431060426
42450CB00009BA/2118